AF188489

Impressum
Verlag: BABADADA GmbH, Nedderfeld 112 , 22529 Hamburg
Geschäftsführer / Verlagsleitung: Harald Hof
Druck: Books on Demand GmbH, In de Tarpen 42, 22848 Norderstedt

Imprint
Publisher: BABADADA GmbH, Nedderfeld 112 , 22529 Hamburg, Germany
Managing Director / Publishing direction: Harald Hof
Print: Books on Demand GmbH, In de Tarpen 42, 22848 Norderstedt, Germany

Šola
学校

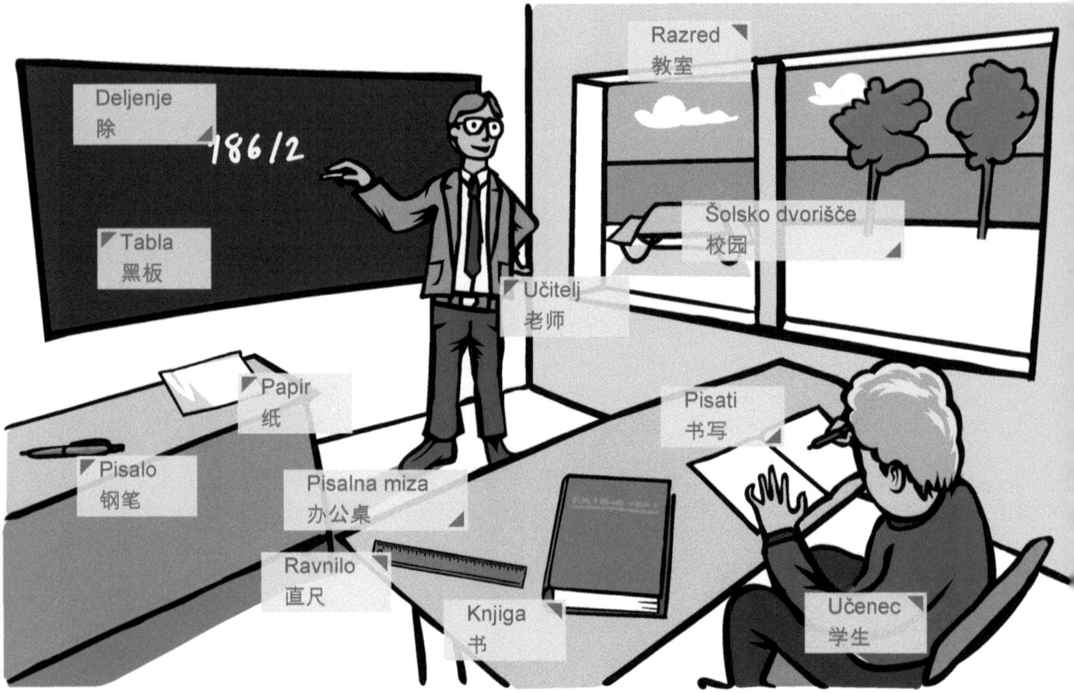

Razred
教室
Deljenje
除
186/2
Tabla
黑板
Šolsko dvorišče
校园
Učitelj
老师
Papir
纸
Pisati
书写
Pisalo
钢笔
Pisalna miza
办公桌
Ravnilo
直尺
Knjiga
书
Učenec
学生

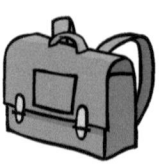

Šolska torba
书包

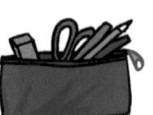

Peresnica
铅笔盒

Svinčnik
铅笔

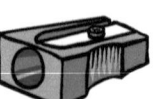

Šilček
卷笔刀

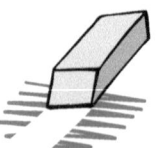

Radirka
橡皮擦

Risalni blok
画板

Risba

图画

Čopič

画笔

Vodene barvice

颜料盒

Škarje

剪刀

Lepilo

胶水

Zvezek

练习册

Domača naloga

家庭作业

Število

数字

Seštevanje

加

Odštevanje

减

Množenje

乘

Računanje

计算

Črka

字母

Abeceda

字母表

Beseda

字

Besedilo

课文

Brati

读

Kreda

粉笔

Učna ura

上课

Redovalnica

登记

Preizkus znanja

考试

Spričevalo

证书

Šolska uniforma

校服

Izobrazba

教育

Enciklopedija

百科全书

Univerza

大学

Mikroskop

显微镜

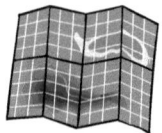

Zemljevid

地图

Koš za smeti

废纸筐

Hotel
酒店

Grand

Hostel
青年旅社

ROOMS

Menjalnica
外币兑换处

EXCHANGE

Kovček
手提箱

Avtomobil
汽车

Jezik

语言

da / ne

是/否

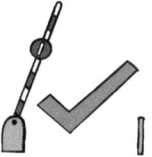

Prav

好的

Pozdravljeni

您好

Prevajalec

翻译员

Hvala

谢谢

Koliko stane…?

……多少钱？

Ne razumem

我不明白

Težava

问题

Dober večer!

晚上好！

Dobro jutro!

早上好！

Lahko noč!

晚安！

Nasvidenje

再见

Smer

方向

Prtljaga

行李

Torba

包

Nahrbtnik

双肩包

Gost

客人

Soba

房间

Spalna vreča

睡袋

Šotor

帐篷

Turistične informacije

旅游信息

Plaža

海滩

Kreditna kartica

信用卡

Zajtrk

早餐

Kosilo

午餐

Večerja

晚餐

Vozovnica

票

Dvigalo

电梯

Znamka

邮票

Meja

边界

Carina

海关

Veleposlaništvo

大使馆

Vizum

签证

Potni list

护照

Prevoz
交通运输

Letalo
飞机

Ladja
船

Gasilsko vozilo
消防车

Avtobus
公交车

Tovornjak
卡车

Motorni čoln
汽艇

Avtomobil
汽车

Kolo
自行车

Trajekt

摆渡船

Čoln

小船

Motorno kolo

摩托车

Policijski avto

警车

Dirkalni avto

赛车

Najeto vozilo

租车

Souporaba avtomobila

拼车

Avtovleka

拖车

Smetarsko vozilo

垃圾车

Motor

发动机

Gorivo

汽油

Bencinska postaja

加油站

Prometni znak

交通标志

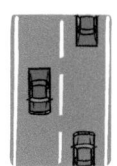

Promet

交通

Zastoj

交通堵塞

Parkirišče

停车场

Železniška postaja

火车站

Tirnice

轨道

Vlak

火车

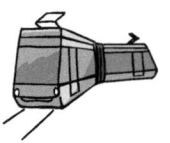

Tramvaj

电车

Vagon

货车

Helikopter

直升机

Letališče

机场

Stolp

塔

Potnik

乘客

Kontejner

集装箱

Karton

纸板箱

Voziček

手推车

Košara

篮子

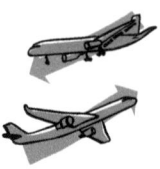

vzleteti / pristati

起飞/降落

Mesto

城市

Vas

村庄

Mestno jedro

市中心

Hiša

房子

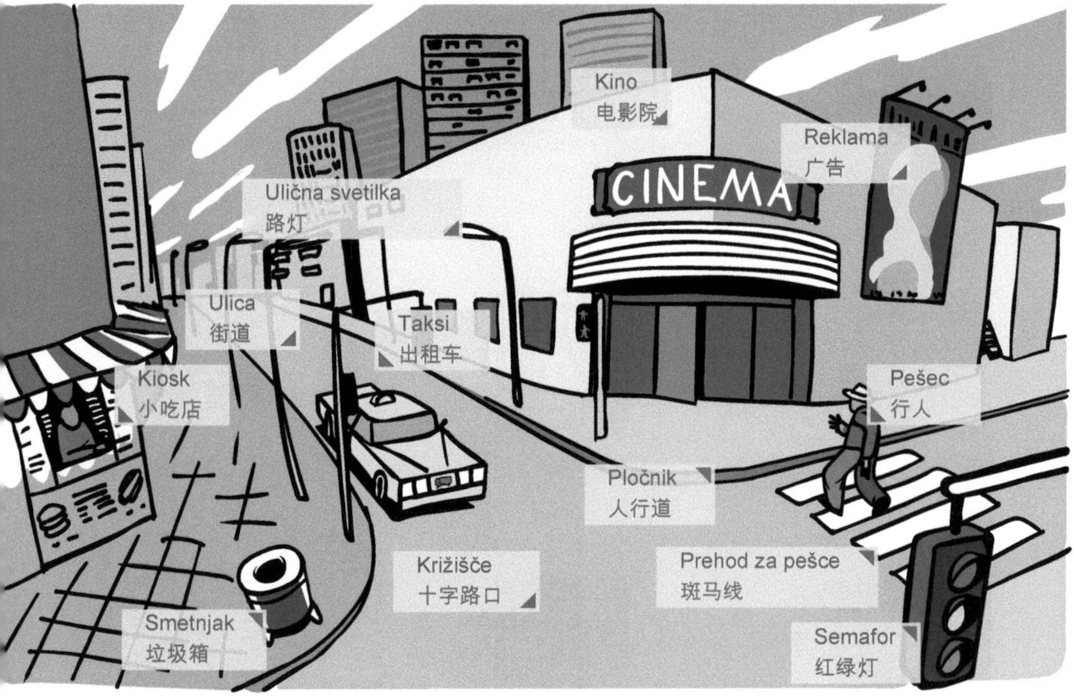
Kino
电影院
Reklama
广告
CINEMA
Ulična svetilka
路灯
Ulica
街道
Taksi
出租车
Kiosk
小吃店
Pešec
行人
Pločnik
人行道
Križišče
十字路口
Prehod za pešce
斑马线
Smetnjak
垃圾箱
Semafor
红绿灯

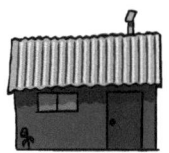

Koča

小屋

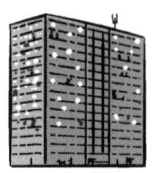

Stanovanje

公寓

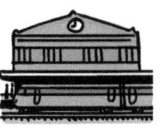

Železniška postaja

火车站

Mestna hiša

市政厅

MUSEUM

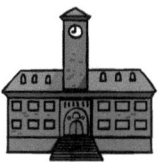

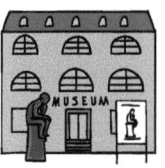

Muzej

博物馆

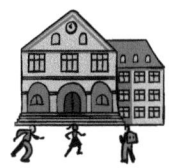

Šola

学校

Univerza

大学

Banka

银行

Bolnišnica

医院

Hotel

酒店

Lekarna

药房

Pisarna

办公室

Knjigarna

书店

Trgovina

商店

Cvetličarna

花店

Supermarket

超市

Tržnica

市场

Veleblagovnica

百货商店

Ribarnica

鱼店

Nakupovalno središče

购物中心

Pristanišče

海港

Park

公园

Klop

长凳

Most

桥

Stopnice

楼梯

Podzemna železnica

地铁

Predor

隧道

Avtobusno postajališče

公交车站

Bar

酒吧

Restavracija

餐馆

Poštni nabiralnik

邮筒

Ulična tabla

路标

Parkirna ura

停车计时器

Živalski vrt

动物园

Kopališče

游泳馆

Mošeja

清真寺

Kmetija

农场

Onesnaževanje

污染

Pokopališče

墓地

Cerkev

教堂

Otroško igrišče

操场

Tempelj

寺庙

Pokrajina

地形

List
树叶

Kažipot
指示牌

Pot
路

Travnik
草地

Kamen
石头

Pohodnik
徒步旅行者

Drevo
树

Reka
河

Trava
草

Cvetlica
花

Dolina

峡谷

Hrib

山

Jezero

湖

Gozd

森林

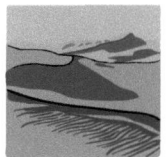

Puščava

沙漠

Vulkan

火山

Grad

城堡

Mavrica

彩虹

Goba

蘑菇

Palma

棕榈树

Komar

蚊子

Muha

苍蝇

Mravlja

蚂蚁

Čebela

蜜蜂

Pajek

蜘蛛

Hrošč

甲虫

Žaba

青蛙

Veverica

松鼠

Jež

刺猬

Zajec

野兔

Sova

猫头鹰

Ptič

鸟

Labod

天鹅

Divji prašič

野猪

Jelen

鹿

Los

麋鹿

Jez

水坝

Vetrnica

风力发电机

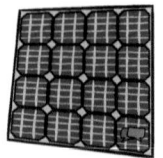

Solarna plošča

太阳能电池板

Podnebje

气候

Natakar
服务员

Jedilnik
菜单

Stol
椅子

Juha
汤

Pica
披萨饼

Pribor
餐具

Prt
桌布

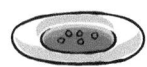

Predjed
前菜

Glavna jed
主菜

Sladica
甜点

Pijače
饮料

Hrana
食物

Steklenica
瓶子

Hitra hrana

快餐

Ulična hrana

街边小吃

Čajnik

茶壶

Sladkornica

糖盒

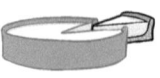

Porcija

一份饭菜

Aparat za espresso

意式咖啡机

Stolček za hranjenje

高脚椅

Račun

账单

Pladenj

托盘

Nož

刀

Vilica

餐叉

Žlica

勺子

Čajna žlička

茶匙

Servieta

餐巾

Kozarec

玻璃杯

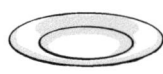

Krožnik

碟子

Globoki krožnik

汤盘

Krožniček

碟子

Omaka

酱

Solnica

盐瓶

Mlinček za poper

胡椒磨

Kis

醋

Olje

食用油

Začimbe

调味料

Kečap

番茄酱

Gorčica

芥末

Majoneza

蛋黄酱

Supermarket

超市

Posebna ponudba
特价
FOR
Stranka
顾客
Mlečni izdelki
乳制品
Sadje
水果
Nakupovalni voziček
购物车

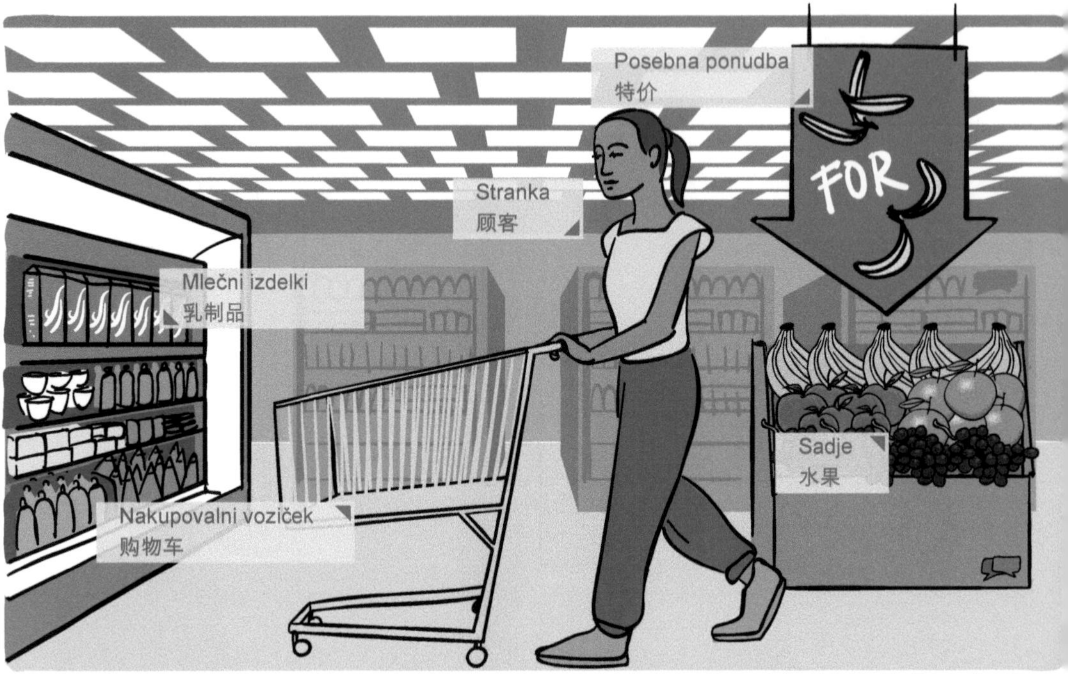

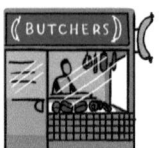

BUTCHERS

Mesnica

肉铺

BAKERY

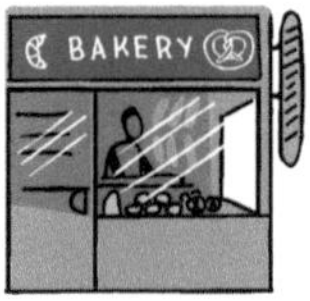

Pekarna

面包房

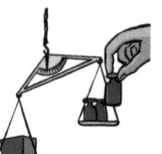

Tehtati

称重

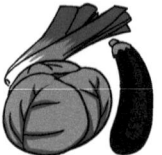

Zelenjava

蔬菜

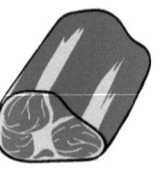

Meso

肉

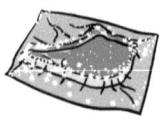

Zamrznjena hrana

冷冻食品

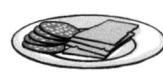

Hladne mesnine

冷盘

Konzerve

罐头食品

Pralni prašek

洗衣粉

Sladkarije

甜食

Gospodinjski izdelki

日用品

Čistilno sredstvo

清洁用品

Prodajalka

销售员

Blagajna

收银机

Blagajnik

收银员

Nakupovalni seznam

购物清单

Delovni čas

开放时间

Denarnica

钱包

Kreditna kartica

信用卡

Torba

袋子

Plastična vrečka

塑料袋

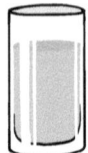

Voda

水

Sok

果汁

Mleko

牛奶

Kola

可乐

Vino

红酒

Pivo

啤酒

Alkohol

酒

Kakav

可可

Čaj

茶

Kava

咖啡

Espresso

意式浓缩咖啡

Kapučino

卡布奇诺

Banana

香蕉

Jabolko

苹果

Pomaranča

橙子

Lubenica

西瓜

Limona

柠檬

Korenje

胡萝卜

Česen

大蒜

Bambus

竹子

Čebula

洋葱

Goba

蘑菇

Oreščki

坚果

Rezanci

面条

Špageti

意大利面条

Riž

米饭

Solata

沙拉

Ocvrt krompirček

薯条

Pečen krompir

炸土豆

Pica

披萨饼

Hamburger

汉堡包

Sendvič

三明治

Zrezek

炸猪排

Šunka

火腿

Salama

萨拉米

Klobasa

香肠

Piščanec

鸡肉

Pečenka

烤肉

Riba

鱼

Ovseni kosmiči

燕麦片

Musli

穆兹利

Koruzni kosmiči

玉米片

Moka

面粉

Rogljiček

羊角面包

Žemlja

面包卷

Kruh

面包

Prepečenec

烤面包

Piškoti

饼干

Maslo

黄油

Skuta

凝乳

Torta

蛋糕

Jajce

蛋

Pečeno jajce na oko

煎蛋

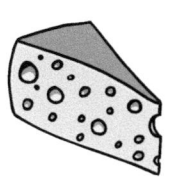

Sir

奶酪

Sladoled

冰激凌

Sladkor

糖

Med

蜂蜜

Marmelada

果酱

Čokoladni namaz

巧克力酱

Kari

咖喱饭

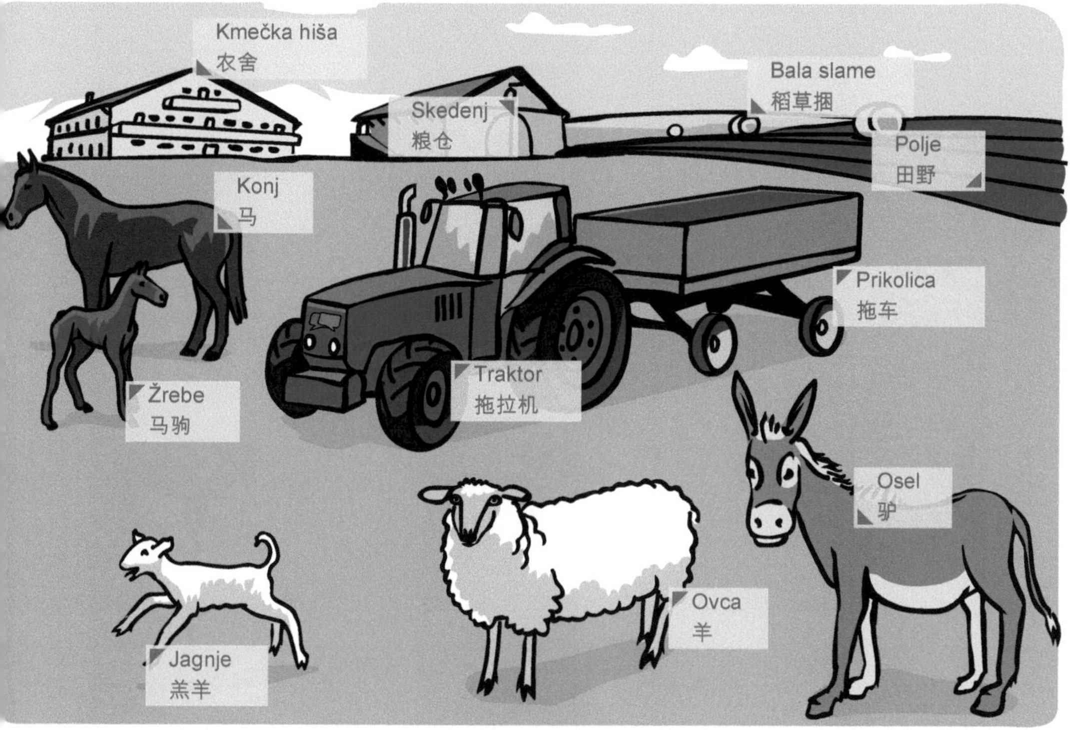

Kmečka hiša
农舍

Skedenj
粮仓

Bala slame
稻草捆

Polje
田野

Konj
马

Prikolica
拖车

Žrebe
马驹

Traktor
拖拉机

Osel
驴

Ovca
羊

Jagnje
羔羊

Koza
山羊

Krava
奶牛

Tele
牛犊

Prašič
猪

Pujsek
小猪

Bik
公牛

Gos

鹅

Raca

鸭

Piščanec

小鸡

Kokoš

母鸡

Petelin

公鸡

Podgana

鼠

Mačka

猫

Miš

老鼠

Vol

牛

Pes

狗

Pasja uta

狗屋

Cev za zalivanje

花园浇水软管

Kangla za zalivanje

洒水壶

Kosa

长柄大镰刀

Plug

犁

Srp

镰刀

Motika

锄头

Vile

长柄草耙

Sekira

斧头

Samokolnica

独轮手推车

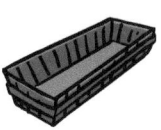

Korito

饲料槽

Kangla za mleko

牛奶罐

Vreča

麻布袋

Ograja

栅栏

Hlev

马厩

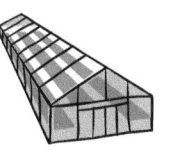

Rastlinjak

温室

Prst

土壤

Seme

种子

Gnojilo

肥料

Kombajn

联合收割机

Žeti

收割

Žetev

收割

Jam

山药

Pšenica

小麦

Soja

大豆

Krompir

土豆

Koruza

玉米

Oljna ogrščica

油菜籽

Sadno drevo

果树

Maniok

树薯

Žito

谷物

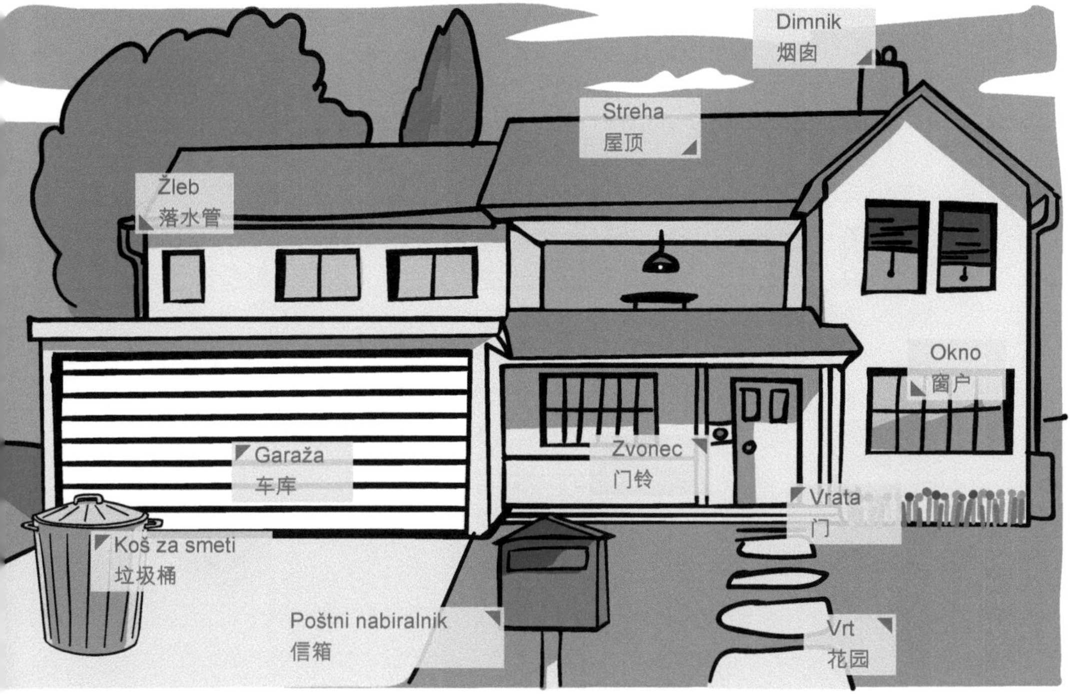

Dimnik
烟囱

Streha
屋顶

Žleb
落水管

Okno
窗户

Garaža
车库

Zvonec
门铃

Vrata
门

Koš za smeti
垃圾桶

Poštni nabiralnik
信箱

Vrt
花园

Dnevna soba

客厅

Kopalnica

浴室

Kuhinja

厨房

Spalnica

卧室

Otroška soba

儿童房

Jedilnica

餐厅

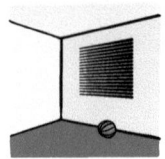

Tla
地板

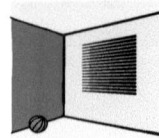

Stena
墙壁

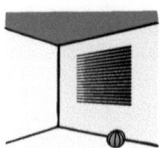

Strop
吊顶

Klet
地窖

Savna
桑拿

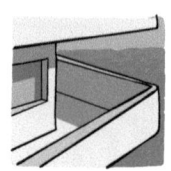

Balkon
阳台

Terasa
露台

Bazen
游泳池

Kosilnica
割草机

Rjuha
被单

Posteljno pregrinjalo
床罩

Postelja
床

Metla
扫帚

Vedro
水桶

Stikalo
开关

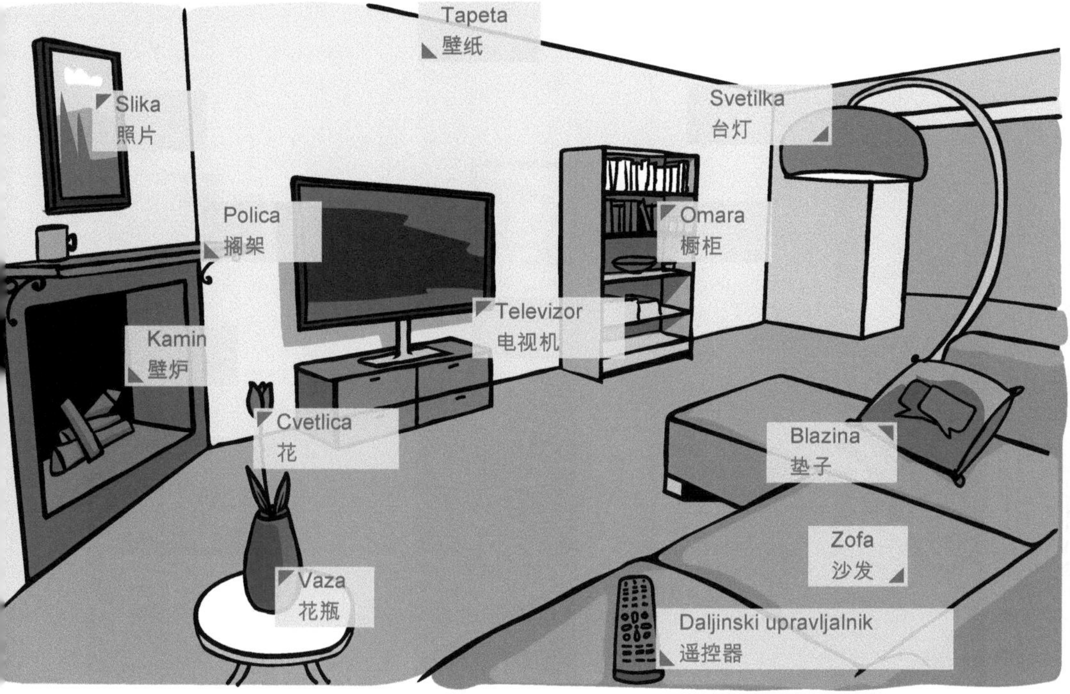

Tapeta
壁纸

Slika
照片

Svetilka
台灯

Polica
搁架

Omara
橱柜

Televizor
电视机

Kamin
壁炉

Cvetlica
花

Blazina
垫子

Zofa
沙发

Vaza
花瓶

Daljinski upravljalnik
遥控器

Preproga
地毯

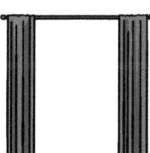

Zavesa
窗帘

Miza
餐桌

Stol
椅子

Gugalnik
摇椅

Naslanjač
扶手椅

Knjiga

书

Odeja

毯子

Dekoracija

装饰品

Drva

木柴

Film

电影

Glasbeni stolp

高保真音响

Ključ

钥匙

Časopis

报纸

Slika

油画

Plakat

海报

Radio

收音机

Beležka

笔记本

Sesalnik

吸尘器

Kaktus

仙人掌

Sveča

蜡烛

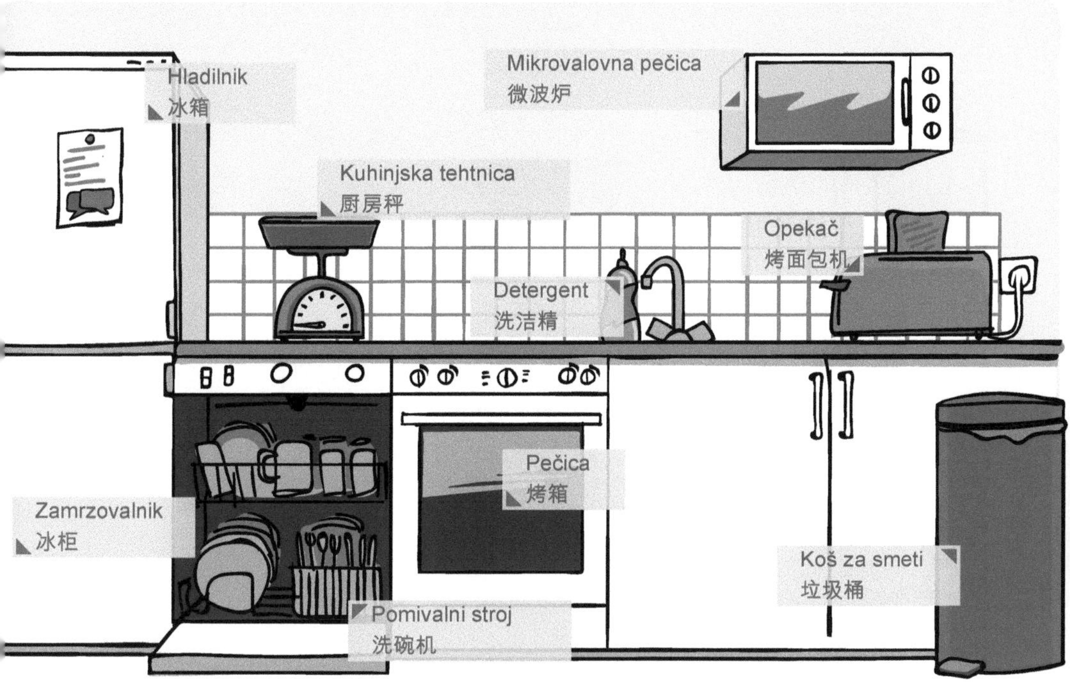

Hladilnik
冰箱

Mikrovalovna pečica
微波炉

Kuhinjska tehtnica
厨房秤

Opekač
烤面包机

Detergent
洗洁精

Zamrzovalnik
冰柜

Pečica
烤箱

Koš za smeti
垃圾桶

Pomivalni stroj
洗碗机

Kozica

炊具

Lonec

锅

Litoželezni lonec

铸铁锅

Vok / kadai

炒锅

Ponev

平底锅

Kotliček

水壶

Parni kuhalnik

蒸锅

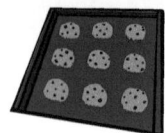

Pekač

烤盘

Posoda

陶瓷锅

Skodelica

马克杯

Skleda

碗

Jedilne paličice

筷子

Zajemalka

长柄勺

Lopatica

铲子

Metlica

搅拌器

Cedilnik

滤网

Cedilo

筛子

Strgalo

磨碎机

Možnar

研钵

Žar

烧烤

Ognjišče

明火

Deska za rezanje

菜板

Valjar

擀面杖

Odpirač za steklenice

开瓶器

Pločevinka

罐子

Odpirač za konzerve

开罐器

Prijemalka za posodo

隔热手套

Korito

水槽

Ščetka

刷子

Goba

海绵

Mešalnik

搅拌机

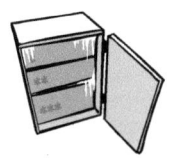

Zamrzovalna skrinja

冷藏箱

Steklenička

奶瓶

Pipa

水龙头

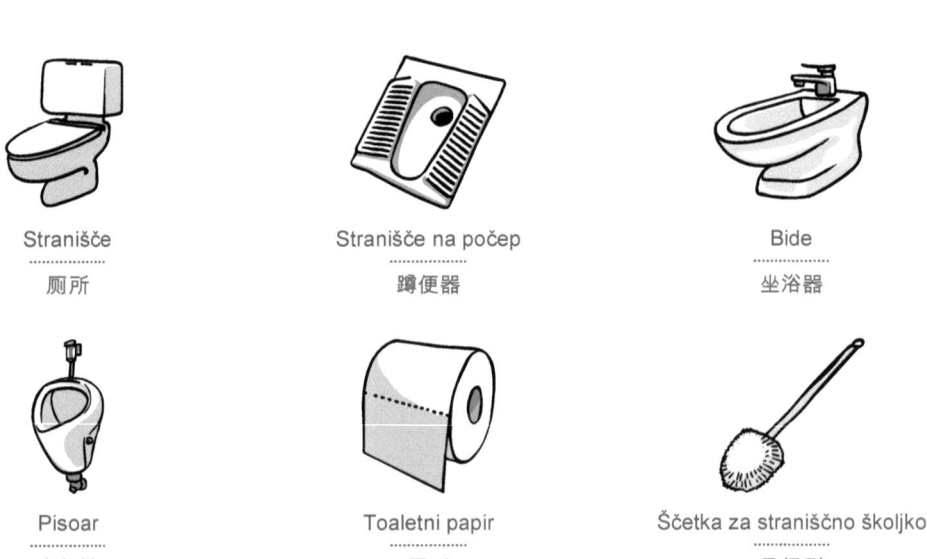

Kopalnica

浴室

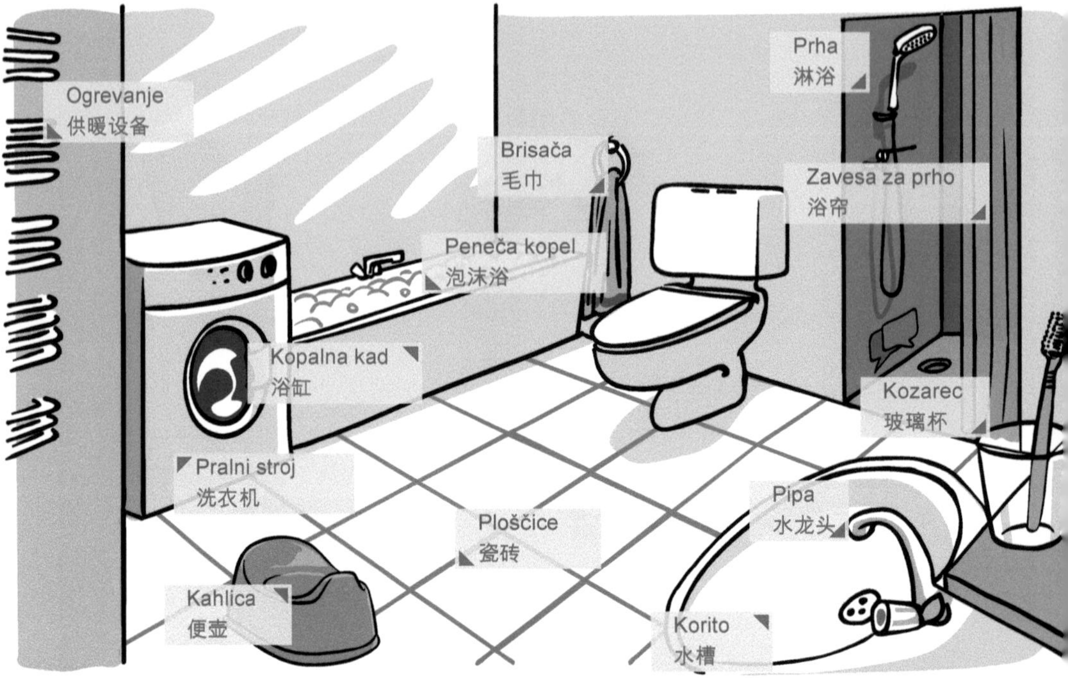

Ogrevanje
供暖设备
Brisača
毛巾
Prha
淋浴
Zavesa za prho
浴帘
Peneča kopel
泡沫浴
Kopalna kad
浴缸
Kozarec
玻璃杯
Pralni stroj
洗衣机
Pipa
水龙头
Ploščice
瓷砖
Kahlica
便壶
Korito
水槽

Stranišče

厕所

Stranišče na počep

蹲便器

Bide

坐浴器

Pisoar

小便池

Toaletni papir

厕纸

Ščetka za straniščno školjko

马桶刷

Zobna ščetka

牙刷

Zobna pasta

牙膏

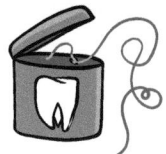

Zobna nitka

牙线

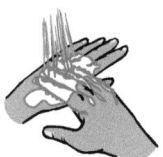

Umiti se

洗

Ročna prha

手持式喷淋头

Prha za intimne dele

冲洗器

Umivalnik

洗脸盆

Krtača za hrbet

擦背刷

Milo

肥皂

Gel za prhanje

沐浴露

Šampon

洗发水

Krpica za miljenje

法兰绒

Odtok

排水

Krema

乳霜

Deodorant

除臭剂

Kopalnica - 浴室

Ogledalo

镜子

Ročno ogledalo

手镜

Britvica

剃须刀

Pena za britje

剃须泡沫

Vodica po britju

须后水

Glavnik

梳子

Ščetka

刷子

Sušilnik za lase

吹风机

Lak za lase

喷发定型剂

Ličila

化妆品

Šminka

唇膏

Lak za nohte

指甲油

Vatirane blazinice

化妆棉

Škarjice za nohte

指甲剪

Parfum

香水

Toaletna torbica

洗漱包

Stol brez naslonjala

凳子

Osebna tehtnica

计重秤

Kopalni plašč

浴袍

Gumijaste rokavice

橡胶手套

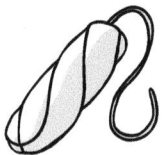

Tampon

卫生棉条

Damski vložki

卫生巾

Kemično stranišče

化学厕所

Otroška soba
儿童房

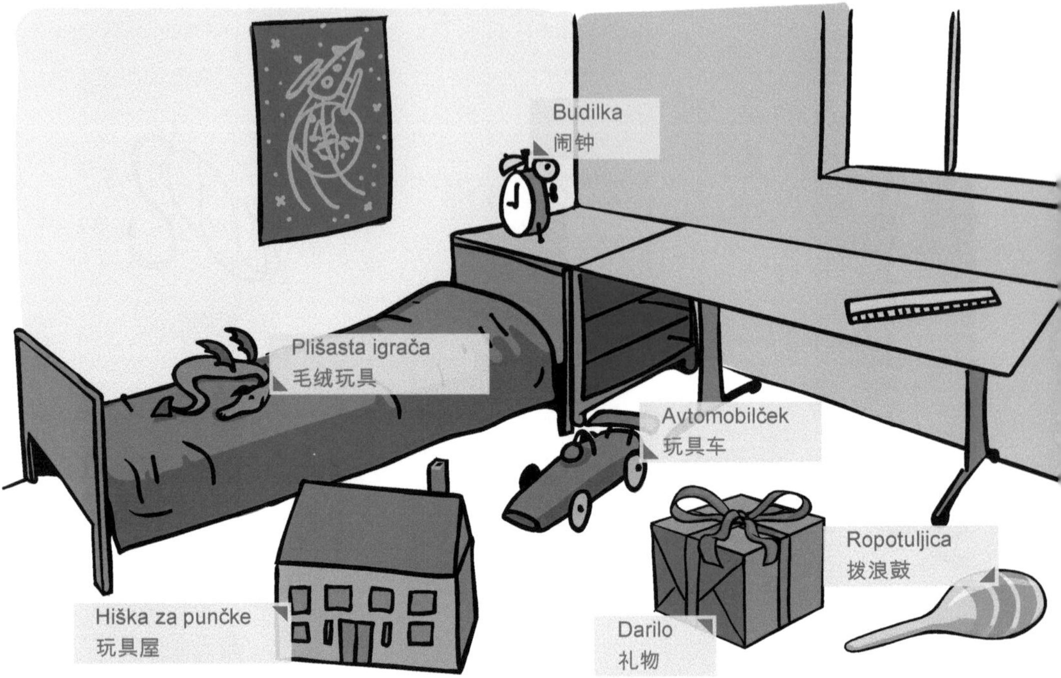
Budilka
闹钟
Plišasta igrača
毛绒玩具
Avtomobilček
玩具车
Ropotuljica
拨浪鼓
Hiška za punčke
玩具屋
Darilo
礼物

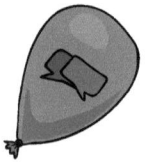

Balon
气球

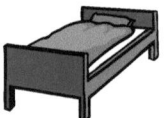

Postelja
床

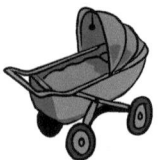

Otroški voziček
（洋娃娃用）婴儿车

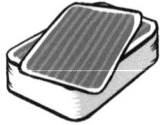

Igralne karte
扑克牌

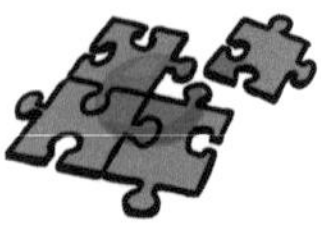

Sestavljanka
拼图

Strip
漫画

Lego kocke

乐高积木

Igralne kocke

积木玩具

Akcijska figura

玩具人

Bodi

婴儿服

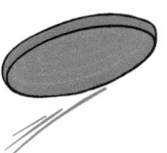

Frizbi

飞盘

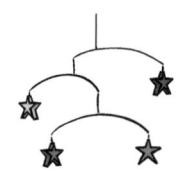

Vrtiljak za posteljico

床铃玩具

Namizna igra

棋盘游戏

Kocka

骰子

Komplet modelov vlakov

火车模型

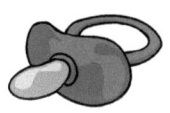

Duda

安抚奶嘴

Zabava

聚会

Slikanica

绘本

Žoga

球

Lutka

洋娃娃

Igrati se

玩

Peskovnik

沙坑

Gugalnica

秋千

Igrače

玩具

Igralna konzola

游戏机

Tricikel

三轮车

Plišasti medvedek

泰迪熊

Garderoba

衣柜

Oblačilo

衣服

Nogavice

袜子

Samostoječe nogavice

长袜

Hlačne nogavice

紧身裤

Šal
围巾

Pas
皮带

Dežnik
雨伞

Majica s kratkimi rokavi
T恤

Športni copati
运动鞋

Škornji
靴子

Copati
拖鞋

Sandali
凉鞋

Čevlji
鞋

Gumijasti škornji
雨靴

Spodnje hlače
内裤

Modrček
胸罩

Telovnik
背心

Bodi

身体

Hlače

裤子

Kavbojke

牛仔裤

Krilo

短裙

Bluza

女式衬衫

Srajca

衬衫

Pulover

套头衫

Pletena jopica

卫衣

Jopa

西装夹克

Jakna

夹克

Plašč

外套

Dežni plašč

雨衣

Kostim

套装

Obleka

连衣裙

Poročna obleka

婚纱

Obleka

西装

Spalna srajca

睡袍

Pižama

睡衣

Sari

莎丽

Naglavna ruta

头巾

Turban

包头巾

Burka

波卡

Kaftan

卡夫坦

Abaja

(阿拉伯式)长袍

Kopalke

泳衣

Kopalne hlače

男式泳裤

Kratke hlače

短裤

Trenirka

运动服

Predpasnik

围裙

Rokavice

手套

Gumb

纽扣

Očala

眼镜

Zapestnica

手链

Verižica

项链

Prstan

戒指

Uhan

耳环

Kapa

便帽

Obešalnik

衣架

Klobuk

帽子

Kravata

领带

Zadrga

拉链

Čelada

头盔

Naramnice

背带

Šolska uniforma

校服

Uniforma

制服

Slinček

围兜

Duda

安抚奶嘴

Plenica

尿不湿

Pisarna

办公室

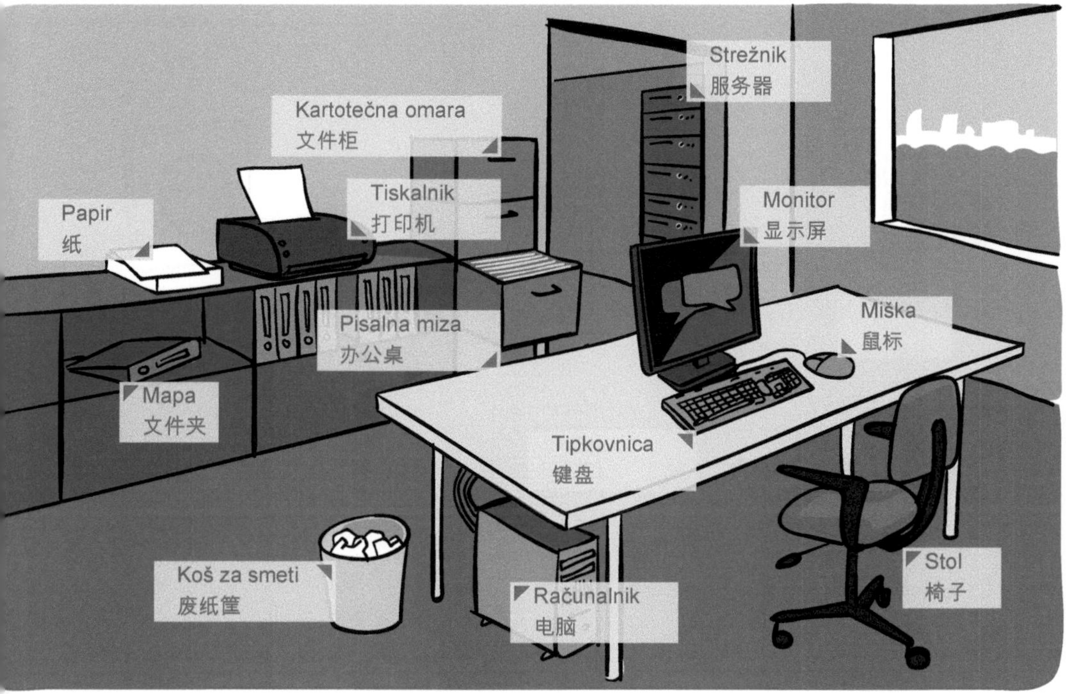

Strežnik
服务器

Kartotečna omara
文件柜

Tiskalnik
打印机

Monitor
显示屏

Papir
纸

Miška
鼠标

Pisalna miza
办公桌

Mapa
文件夹

Tipkovnica
键盘

Stol
椅子

Koš za smeti
废纸筐

Računalnik
电脑

Lonček za kavo

咖啡杯

Kalkulator

计算器

Internet

因特网

Prenosnik

笔记本电脑

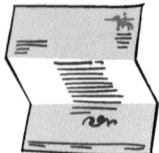

Pismo

信件

Sporočilo

消息

Mobilnik

手机

Omrežje

网络

Kopirni stroj

复印机

Programska oprema

软件

Telefon

电话

Vtičnica

插座

Telefaks

传真机

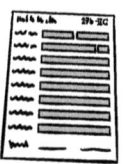

Obrazec

表格

Dokument

文件

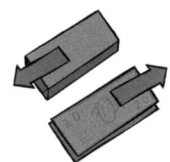

Kupiti

买

Plačati

付钱

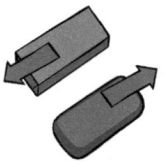

Trgovati

交易

Denar

现金

Dolar

美元

Evro

欧元

Jen

日元

Rubelj

卢布

Švičarski frank

瑞士法郎

Kitajski juan renminbi

人民币

Rupija

卢比

Bankomat

提款处

Menjalnica

外币兑换处

Zlato

金

Srebro

银

Nafta

石油

Energija

能源

Cena

价格

Pogodba

合同

Davek

税金

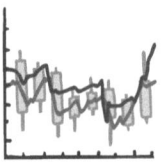

Delnice

股票

Delati

工作

Delojemalec

职员

Delodajalec

老板

Tovarna

工厂

Trgovina

商店

Poklici
职业

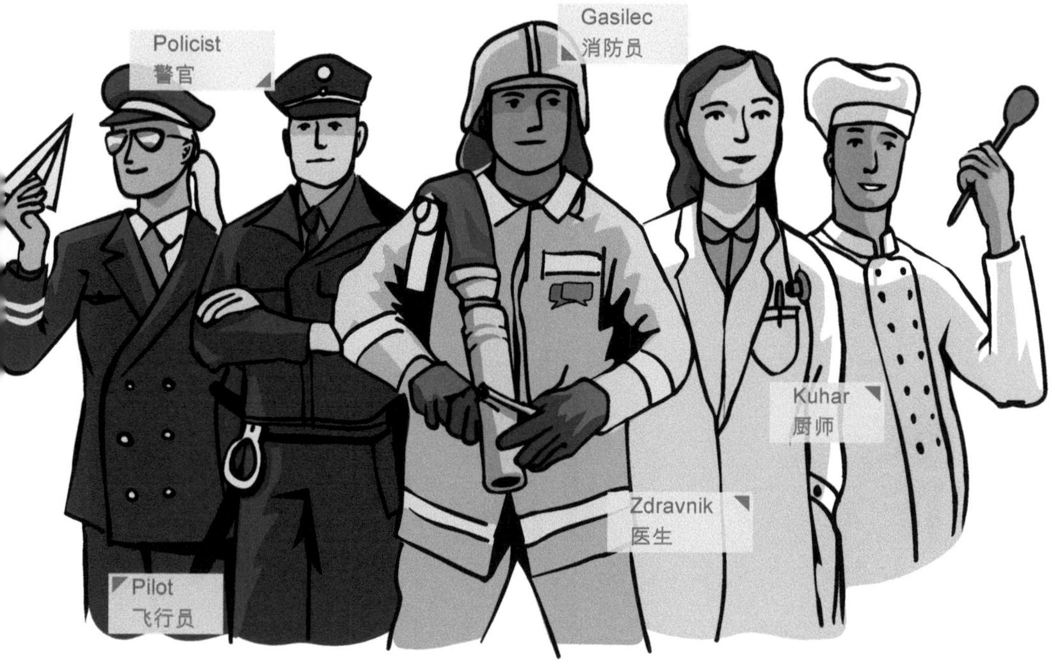
Policist
警官
Gasilec
消防员
Kuhar
厨师
Zdravnik
医生
Pilot
飞行员

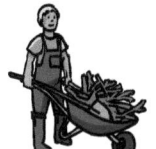

Vrtnar

园丁

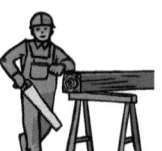

Mizar

木匠

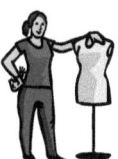

Šivilja

裁缝

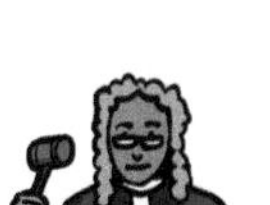

Sodnik

法官

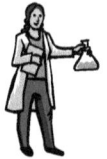

Kemik

化学家

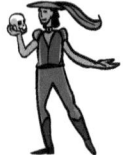

Igralec

演员

Voznik avtobusa

公交车司机

Taksist

出租车司机

Ribič

渔夫

Čistilka

清洁女工

Krovec

屋顶工

Natakar

服务员

Lovec

猎人

Pleskar

画家

Pek

面包师

Električar

电工

Gradbenik

建筑工人

Inženir

工程师

Mesar

屠夫

Vodovodni inštalater

水管工

Poštar

邮递员

Vojak

士兵

Arhitekt

建筑师

Blagajnik

收银员

Cvetličar

花农

Frizer

理发师

Sprevodnik

售票员

Mehanik

机械师

Kapitan

船长

Zobozdravnik

牙医

Znanstvenik

科学家

Rabin

拉比

Imam

伊玛目

Menih

和尚

Duhovnik

牧师

Orodje

工具

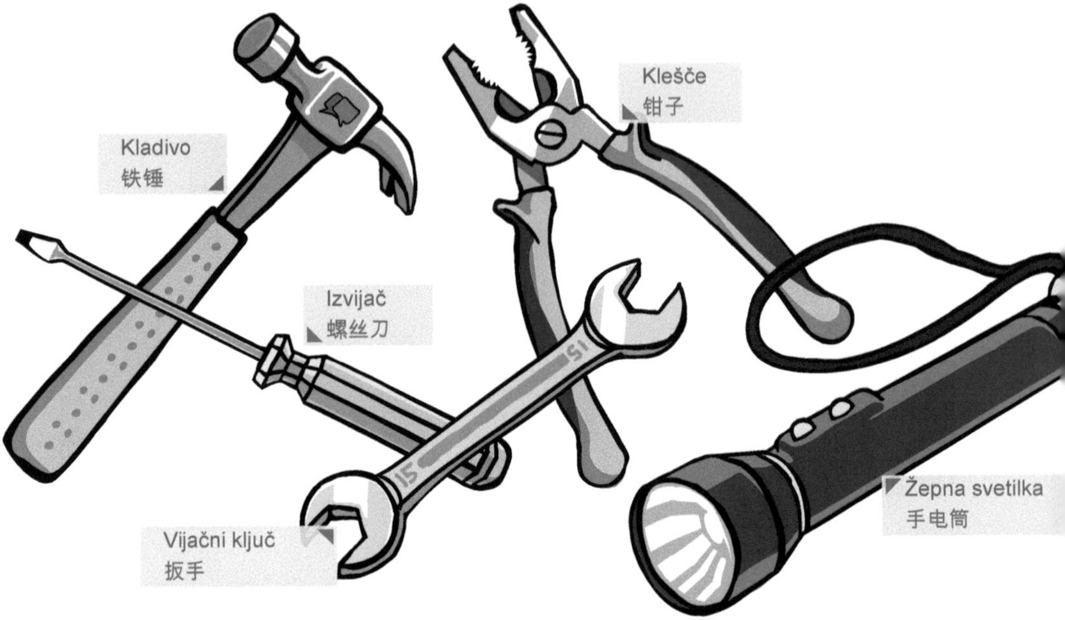

Kladivo
铁锤
Klešče
钳子
Izvijač
螺丝刀
Vijačni ključ
扳手
Žepna svetilka
手电筒

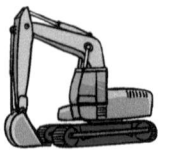

Bager

挖掘机

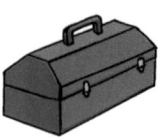

Zaboj z orodjem

工具箱

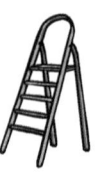

Lestev

梯子

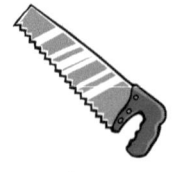

Žaga

锯子

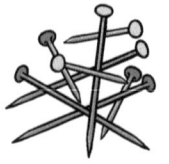

Žeblji

钉子

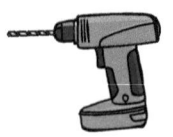

Vrtalnik

钻机

Popraviti

修

Lopata

铲子

Šment!

靠！

Smetišnica

簸箕

Posoda z barvo

油漆桶

Vijaki

螺丝

Glasbeni instrument

乐器

Klavir

钢琴

Violina

小提琴

Bas kitara

贝斯

Pavke

定音鼓

Bobni

鼓

Sintetizator

电子琴

Saksofon

萨克斯管

Flavta

长笛

Mikrofon

麦克风

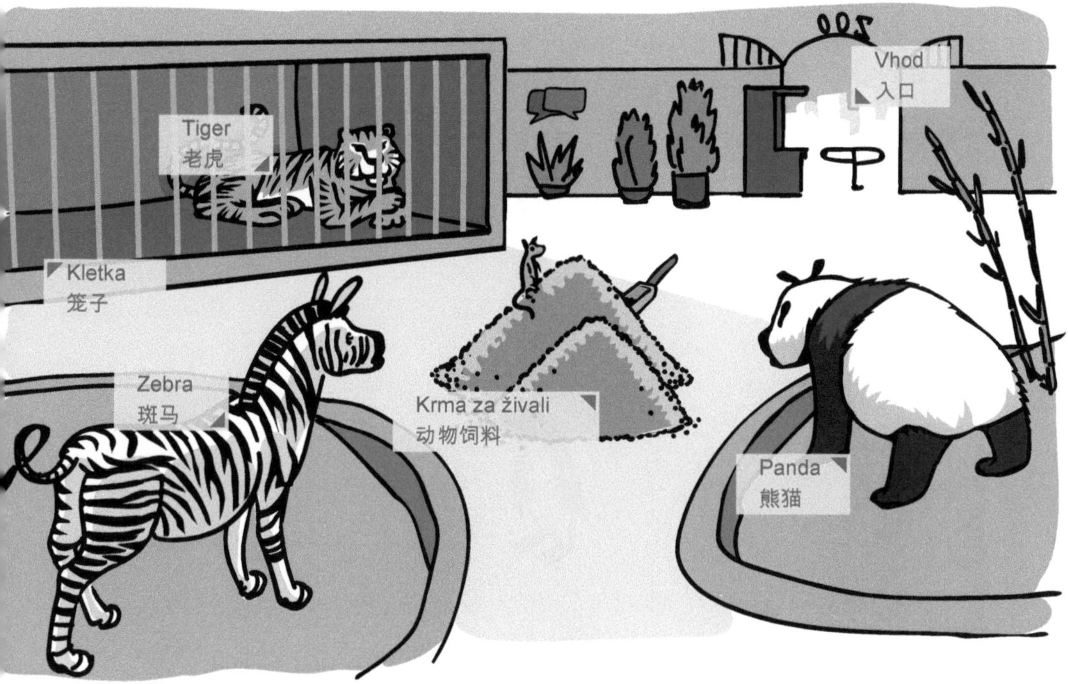
zoo
Vhod
入口
Tiger
老虎
Kletka
笼子
Zebra
斑马
Krma za živali
动物饲料
Panda
熊猫

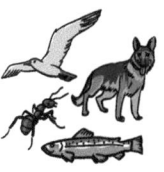

Živali

动物

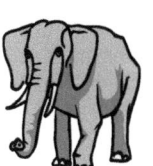

Slon

大象

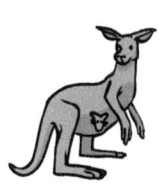

Kenguru

袋鼠

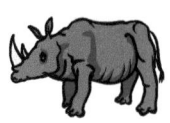

Nosorog

犀牛

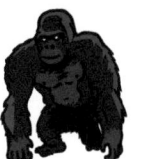

Gorila

大猩猩

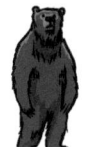

Medved

熊

Kamela

骆驼

Noj

鸵鸟

Lev

狮子

Opica

猴子

Plamenec

火烈鸟

Papagaj

鹦鹉

Severni medved

北极熊

Pingvin

企鹅

Morski pes

鲨鱼

Pav

孔雀

Kača

蛇

Krokodil

鳄鱼

Oskrbnik v živalskem vrtu

动物园管理员

Tjulenj

海豹

Jaguar

美洲豹

Poni

矮种马

Leopard

豹

Povodni konj

河马

Žirafa

长颈鹿

Orel

老鹰

Divji prašič

野猪

Riba

鱼

Želva

龟

Mrož

海象

Lisica

狐狸

Gazela

羚羊

Ameriški nogomet
橄榄球

Kolesarjenje
骑自行车

Tenis
网球

Košarka
篮球

Plavanje
游泳

Boks
拳击

Hokej
冰球

Nogomet

英式足球

Badminton

羽毛球

Atletika

田径

Rokomet

手球

Smučanje

滑雪

Polo

马球

Skočiti
跳

Objeti
拥抱

Smejati se
笑

Hoditi
走路

Peti
唱

Sanjati
做梦

Moliti
祈祷

Poljubiti
亲吻

Pisati
书写

Risati
画

Pokazati
展示

Potisniti
推

Dati
给

Vzeti
拿

Imeti

有

Narediti

做

Biti

当

Stati

站

Teči

跑

Vleči

拉

Vreči

扔

Pasti

摔倒

Ležati

躺

Čakati

等待

Nositi

携带

Sedeti

坐

Obleči se

穿衣

Spati

睡觉

Zbuditi se

醒来

Gledati

看

Jokati

哭

Božati

抚摸

Česati se

梳头

Govoriti

交谈

Razumeti

明白

Vprašati

问

Poslušati

听

Piti

喝

Jesti

吃

Pospraviti

清理

Ljubiti

爱

Kuhati

做饭

Voziti

开车

Leteti

飞

Jadrati

航行

Računanje

计算

Brati

读

Učiti se

学习

Delati

工作

Poročiti se

结婚

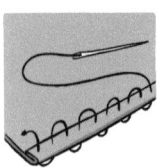

Šivati

缝

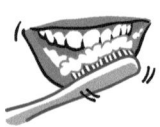

Ščetkati si zobe

刷牙

Ubiti

杀

Kaditi

抽烟

Poslati

寄

Stara mati
祖母

Stari oče
祖父

Oče
父亲

Mati
母亲

Dojenček
婴童

Hči
女儿

Sin
儿子

Gost

客人

Teta

阿姨

Stric

叔叔

Brat

兄弟

Sestra

姐妹

Telo

身体

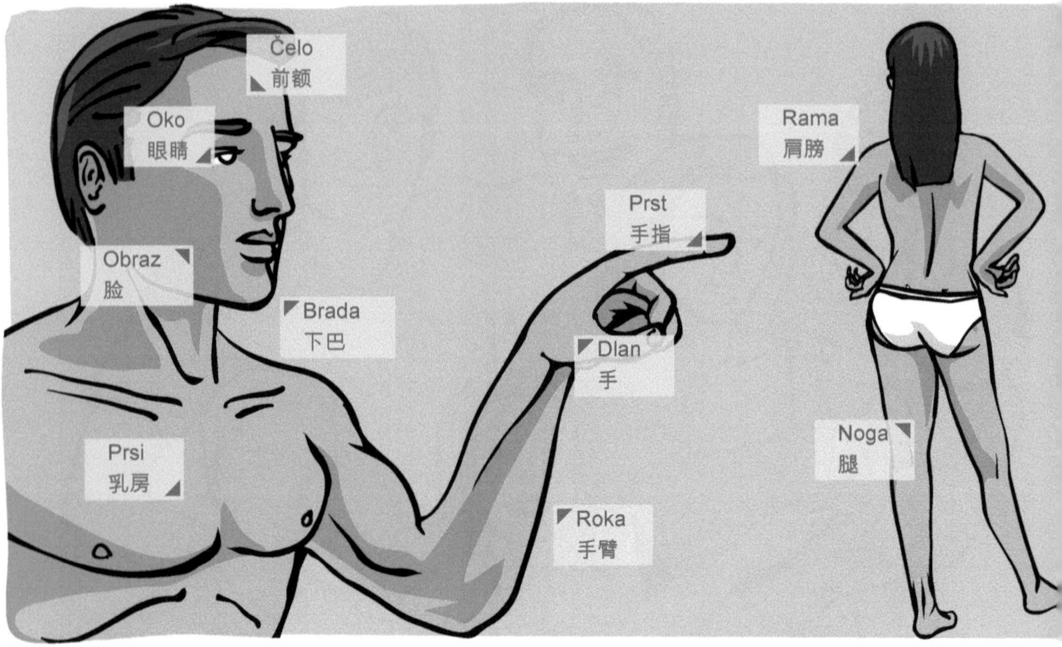

Čelo
前额

Oko
眼睛

Obraz
脸

Brada
下巴

Prsi
乳房

Prst
手指

Dlan
手

Roka
手臂

Rama
肩膀

Noga
腿

Dojenček

婴童

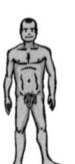

Človek

男人

Ženska

女人

Dekle

女孩

Fant

男孩

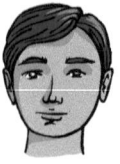

Glava

头

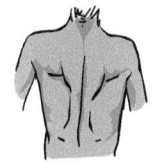

Hrbet

背部

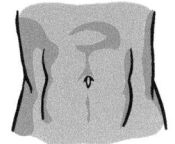

Trebuh

肚子

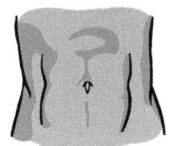

Popek

肚脐

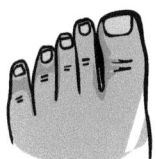

Prst na nogi

脚趾

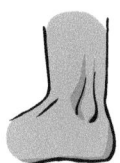

Peta

脚后跟

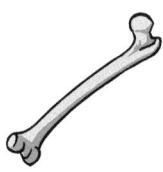

Kost

骨头

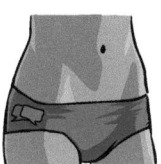

Kolk

臀部

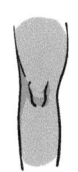

Koleno

膝盖

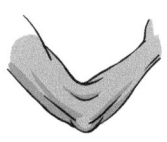

Komolec

手肘

Nos

鼻子

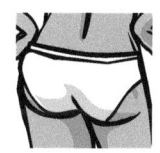

Zadnjica

屁股

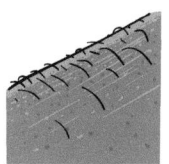

Koža

皮肤

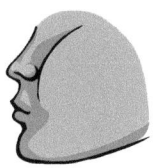

Lice

脸颊

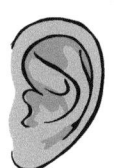

Uho

耳朵

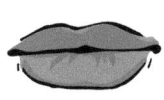

Ustnica

嘴唇

Usta

嘴

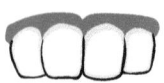

Zob

牙齿

Jezik

舌头

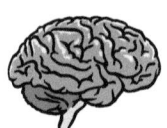

Možgani

脑

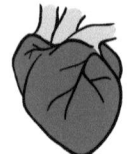

Srce

心脏

Mišica

肌肉

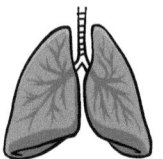

Pljuča

肺

Jetra

肝脏

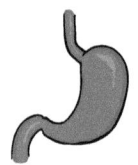

Želodec

胃

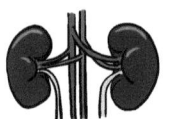

Ledvice

肾脏

Spolni odnos

性交

Kondom

避孕套

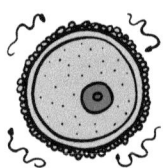

Jajčece

卵子

Semenska tekočina

精子

Nosečnost

怀孕

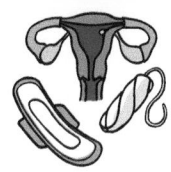

Menstruacija

月经

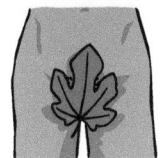

Vagina

阴道

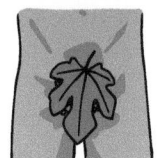

Penis

阴茎

Obrv

眉毛

Lasje

头发

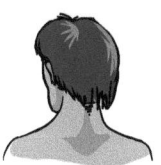

Vrat

脖子

Bolnišnica

医院

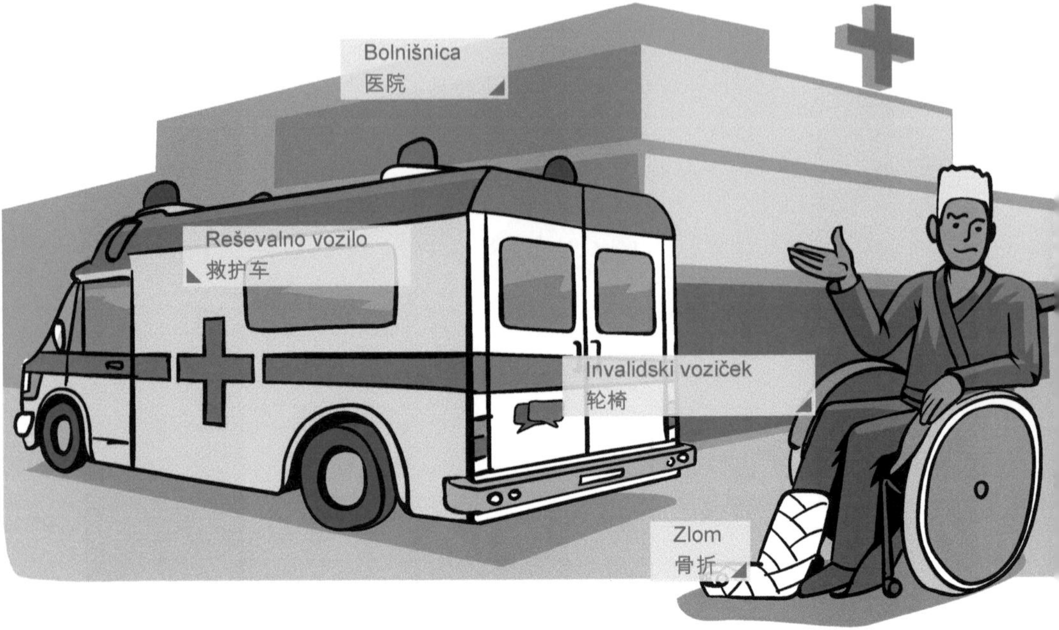

Bolnišnica
医院
Reševalno vozilo
救护车
Invalidski voziček
轮椅
Zlom
骨折

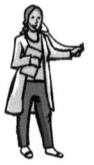

Zdravnik
医生

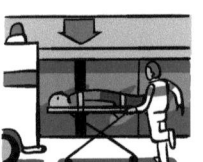

Urgenca
急诊室

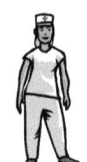

Medicinska sestra
护士

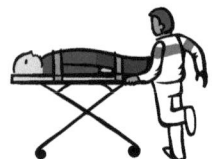

Nujni primer
紧急情况

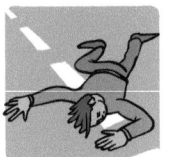

Nezavesten
昏迷

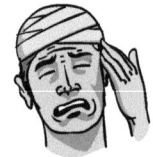

Bolečina
痛

Poškodba

受伤

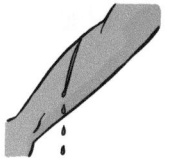

Krvavenje

出血

Srčni infarkt

心脏病发作

Kap

中风

Alergija

过敏

Kašelj

咳嗽

Vročina

发烧

Gripa

流感

Driska

腹泻

Glavobol

头痛

Rak

癌症

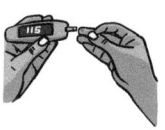

Sladkorna bolezen

糖尿病

Kirurg

外科医生

Skalpel

手术刀

Operacija

手术

CT

CT

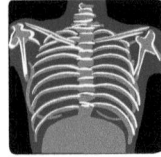

Rentgen

X光

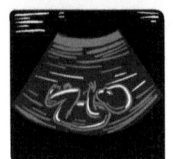

Ultrazvok

超声波

Obrazna maska

口罩

Bolezen

疾病

Čakalnica

候诊室

Bergla

拐杖

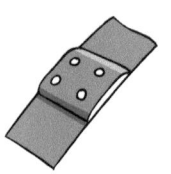

Obliž

石膏

Preveza

绷带

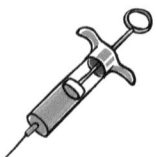

Injekcija

注射

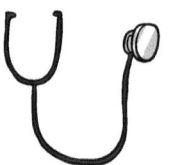

Stetoskop

听诊器

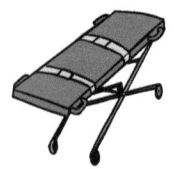

Nosila

担架

Klinični termometer

体温计

Porod

出生

Prekomerna teža

超重

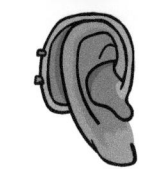

Slušni pripomoček

助听器

Razkužilo

消毒液

Okužba

感染

Virus

病毒

HIV / AIDS

艾滋病

Medicina

药物

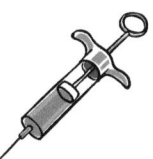

Cepljenje

接种疫苗

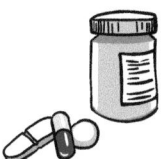

Tablete

药片

Tableta

药丸

Klic v sili

急救电话

Merilnik krvnega tlaka

血压计

bolano / zdravo

生病/健康

Na pomoč!

救命！

Alarm

警报

Napad

突击

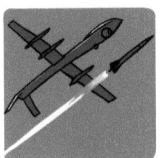

Napad

攻击

Nevarnost

危险

Izhod v sili

紧急出口

Gori!

着火啦！

Gasilni aparat

灭火器

Nezgoda

意外

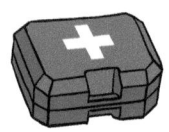

Komplet za prvo pomoč

急救箱

SOS

呼救信号

Policija

警察

Evropa

欧洲

Severna Amerika

北美洲

Južna Amerika

南美洲

Afrika

非洲

Azija

亚洲

Avstralija

澳洲

Atlantski ocean

大西洋

Tihi ocean

太平洋

Indijski ocean

印度洋

Južni ocean

南冰洋

Arktični ocean

北冰洋

Severni tečaj

北极

Južni tečaj

南极

Antarktika

南极洲

Zemlja

地球

Kopno

陆地

Morje

海

Otok

岛

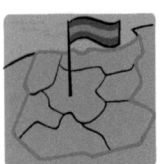

Narod

国家

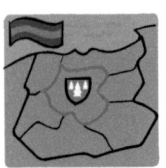

Država

国家

Številčnica

钟面

Urni kazalec

时针

Minutni kazalec

分针

Sekundni kazalec

秒针

Koliko je ura?

现在几点？

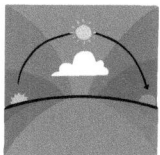

Dan

天

Čas

时间

Zdaj

现在

Digitalna ura

电子表

Minuta

分

Ura

时

Teden

周

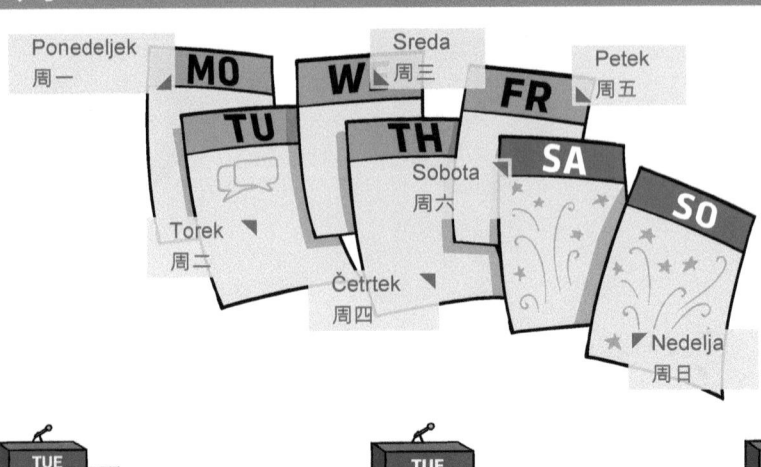

- Ponedeljek 周一 — **MO**
- Torek 周二 — **TU**
- Sreda 周三 — **W**
- Četrtek 周四 — **TH**
- Petek 周五 — **FR**
- Sobota 周六 — **SA**
- Nedelja 周日 — **SO**

Včeraj

昨天

Danes

今天

Jutri

明天

Jutro

早晨

Poldne

中午

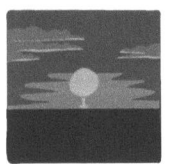

Večer

晚上

MO	TU	WE	TH	FR	SA	SU
1	2	3	4	5	6	7
8	9	10	11	12	13	14
15	16	17	18	19	20	21
22	23	24	25	26	27	28
29	30	31	1	2	3	4

Delovni dnevi

工作日

MO	TU	WE	TH	FR	SA	SU
1	2	3	4	5	6	7
8	9	10	11	12	13	14
15	16	17	18	19	20	21
22	23	24	25	26	27	28
29	30	31	1	2	3	4

Konec tedna

周末

Dež
雨

Mavrica
彩虹

Sneg
雪

Veter
风

Pomlad
春

Jesen
秋

Poletje
夏

Zima
冬

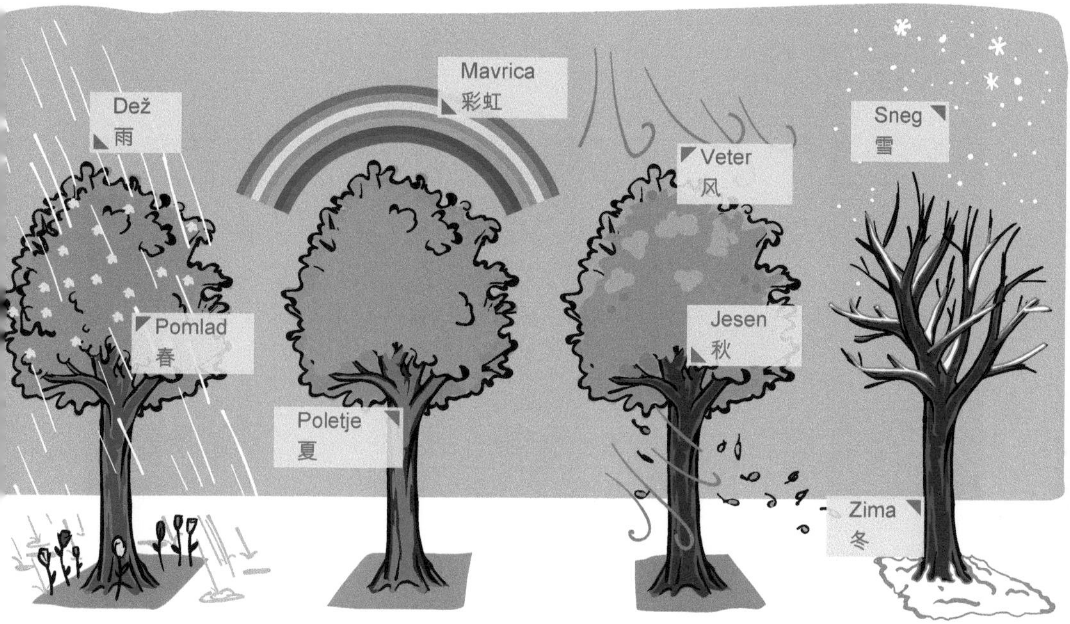

Vremenska napoved

天气预报

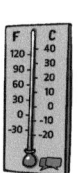

Termometer

温度计

Sončna svetloba

阳光

Oblak

云

Megla

雾

Vlažnost

潮湿

Strela

闪电

Grom

打雷

Nevihta

风暴

Toča

冰雹

Monsun

季风

Poplava

洪水

Led

冰

Januar

一月

Februar

二月

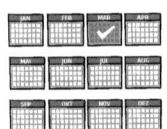

Marec

三月

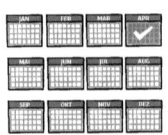

April

四月

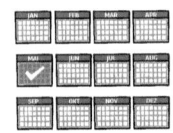

Maj

五月

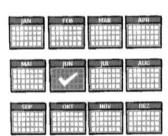

Junij

六月

Julij

七月

Avgust

八月

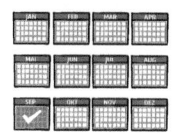

September

九月

Oktober

十月

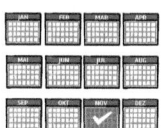

November

十一月

December

十二月

Krogla

圆形

Kvadrat

正方形

Pravokotnik

长方形

Trikotnik

三角形

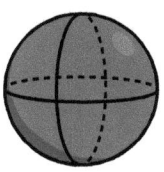

Krogla

球体

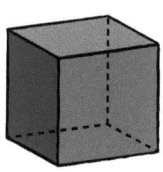

Kocka

立方体

Bela

白

Rumena

黄

Oranžna

橙

Rožnata

粉

Rdeča

红

Vijolična

紫

Modra

蓝

Zelena

绿

Rjava

棕

Siva

灰

Črna

黑

veliko / malo

很多/少许

jezno / umirjeno

生气/平静

lepo / grdo

美/丑

začetek / konec

首/尾

veliko / majhno

大/小

svetlo / temno

明/暗

brat / sestra

兄弟/姐妹

čisto / umazano

干净/肮脏

popolno / nepopolno

完整/缺失

dan / noč

白天/晚上

mrtvo / živo

死/生

široko / ozko

宽/窄

užitno / neužitno

可食用/非食用

zlobno / prijazno

邪恶/善良

vznemirjeno / zdolgočaseno

兴奋/无聊

debelo / vitko

胖/瘦

prvo / zadnje

第一/最后

prijatelj / sovražnik

朋友/敌人

polno / prazno

满/空

trdo / mehko

硬/软

težko / lahko

重/轻

lakota / žeja

饿/渴

bolano / zdravo

生病/健康

nezakonito / zakonito

非法/合法

pametno / neumno

聪明/愚笨

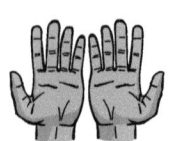

levo / desno

左/右

blizu / daleč

近/远

novo / rabljeno

新/旧

nič / nekaj

没有/有些

staro / mlado

老/幼

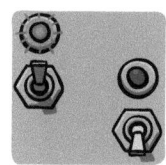

vklopljeno / izklopljeno

开/关

odprto / zaprto

打开/合上

tiho / glasno

安静/吵闹

bogato / revno

富/穷

prav / narobe

对/错

grobo / gladko

粗糙/光滑

žalostno / veselo

伤心/高兴

kratko / dolgo

短/长

počasi / hitro

慢/快

mokro / suho

湿/干

toplo / hladno

温暖/凉爽

vojna / mir

战争/和平

0

Ničla

零

1

Ena

一

2

Dva

二

3

Tri

三

4

Štiri

四

5

Pet

五

6

Šest

六

7

Sedem

七

8

Osem

八

9

Devet

九

10

Deset

十

11

Enajst

十一

12
Dvanajst

十二

13
Trinajst

十三

14
Štirinajst

十四

15
Petnajst

十五

16
Šestnajst

十六

17
Sedemnajst

十七

18
Osemnajst

十八

19
Devetnajst

十九

20
Dvajset

二十

100
Sto

百

1.000
Tisoč

千

1.000.000
Milijon

百万

Angleščina

英语

Ameriška angleščina

美式英语

Mandarinščina

普通话

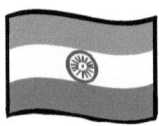

Hindujščina

印地语

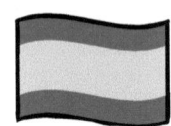

Španščina

西班牙语

Francoščina

法语

Arabščina

阿拉伯语

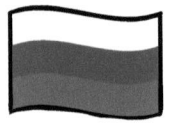

Ruščina

俄语

Portugalščina

葡萄牙语

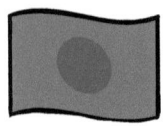

Bengalščina

孟加拉语

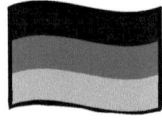

Nemščina

德语

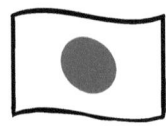

Japonščina

日语

Jaz

我

Ti

你

On / ona / tisto

他/她/它

Mi

我们

Vi

你们

Oni

他们

Kdo?

谁？

Kaj?

什么？

Kako?

怎样？

Kje?

哪里？

Kdaj?

什么时候？

Ime

名字

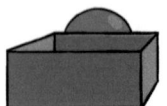

Zadaj

后面

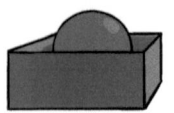

V

里面

Pred

前面

Nad

上方

Na

上面

Pod

下面

Poleg

旁边

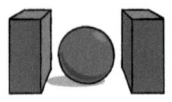

Med

中间

Kraj

地点